Meal

Gesunde Mahlzeiten vorbereiten - geeignete Lebensmittel finden - fertige Rezepte un deren Kosten

Stefanie Stohl

Inhaltsverzeichnis

EINFÜHRUNG

Mahlzeit Preppen ist der Weg, um Ihren Fit-Lifestyle ein wenig leichter zu machen. Möchten Sie mit der Zubereitung Ihrer Mahlzeiten beginnen oder können Sie einige zusätzliche Tipps verwenden? Dann ist dieser Leitfaden perfekt für Sie.

Das Essen vor dem Essen ist unglaublich praktisch. Es stellt sicher, dass Sie immer eine gesunde Mahlzeit bereithalten. Viele Leute bereiten alles vor. Also vom Frühstück bis zum Abendessen und allen Snacks. Letztendlich müssen Sie das tun, was für Sie bequem ist, also müssen Sie Ihren Weg dorthin finden. Sie müssen kein Athlet sein, um die Zubereitung der Mahlzeit zuzubereiten. Viele vielbeschäftigte Leute bereiten auch ihre Mahlzeiten zu, weil sie zeitsparend sind und Sie immer eine gute Ernährung bekommen. Eine ideale Win-Win-Situation!

Denken Sie daran, dass Sie wirklich kein Athlet sein müssen, um von den Mahlzeiten zu profitieren. Und Sie müssen auch nicht gut darin sein, denn es ist nichts anderes, als einfach

mehr als gewöhnlich vorzubereiten. Es ist ratsam, nicht alles aus dem Schrank zu holen und mit extremen Vorbereitungen zu beginnen, sondern nur klein anfangen. Bei 2-3 Mahlzeiten zum Beispiel. Auf diese Weise können Sie leicht herausfinden, ob dies wirklich für Sie ist und ob dies Ihnen auf Ihrem Weg helfen wird. Aufgrund der langsamen Veränderung können Sie dies zur Gewohnheit machen und Sie müssen nicht alles auf den Kopf stellen.

Ich fange oft an, an einem Sonntag Mahlzeiten zuzubereiten, aber Sie müssen sich einen Tag aussuchen, an dem dies für Sie am günstigsten ist. Dumme was du essen willst und mache eine Einkaufsliste. Wenn Sie möchten, können Sie meine gesunde Einkaufsliste verwenden, auf der ich alle Arten von leckeren und gesunden Produkten stecke, damit das Einkaufen einfacher wird. Ich wurde kürzlich gefragt, ob ich von Albert Heijn gesponsert wurde, um diese Liste zu erstellen. Dies ist jedoch nicht der Fall. Auf der AH gibt es oft neue und separate Produkte, die Sie sonst nirgends bekommen können. Deswegen sehen Sie das AH-Logo ein paar Mal auf dieser Liste.

Da das Essen vor dem Essen ziemlich überwältigend sein kann, können Sie auch wählen, ob Sie einen Tag pro Woche doppelte Portionen von etwas zubereiten möchten, das Sie

in dieser Nacht essen werden. Sie haben also für jede Mahlzeit etwas Besonderes und wurden "unbewusst" gelobt! Und denken Sie daran, dass nicht alles vorbereitet sein muss.

Auf diese Weise können Sie viel Zeit sparen, indem Sie Portionen wie Früchte in Tüten für "Fertig für den Verzehr" - Smoothies oder vorgepackte Reiskuchen in einer Reihe Ihrer Wahl herstellen.

KAPITEL 1

Die Wichtigkeit Der Mahlzeitvorbereitung

Bestimmte Wochentage haben für uns Gymnastikratten unterschiedliche Bedeutungen oder Konnotationen. Montag ist Internationaler Brusttag. Dienstag ist #TransformationDienstag. Freitag ist #FlexFriday.

Möglicherweise haben Sie Ihre eigenen Bedeutungen für bestimmte Tage wie #SquatSaturdays oder #WideBackWednesdays. Wie auch immer, der wichtigste Tag Ihrer Woche sollte Sonntag sein:

Viele von Ihnen sind vielleicht schon beim Mahlvorbereitung und wissen, dass es an Sonntag ist, in die Küche zu gehen und sich an die Arbeit zu machen. Aber für viele von Ihnen ist der Sonntag vielleicht nur ein weiterer Tag in der Woche, der mit Fußball, Netflix oder Wiederholungen eines Films gefüllt ist. Wenn dies der Fall ist, ist es Zeit, einige Stunden in

Anspruch zu nehmen, sich von der Fernbedienung des Fernsehers zu entfernen und von der Paprika bei einer Sonntagsvorbereitung gerettet zu werden.

Sie müssen sich nicht an Sonntagen vorbereiten, aber für viele von uns, die einen typischen Montag bis Freitag-Job erledigen, ist der Sonntag normalerweise der beste Tag für die Vorbereitung Ihrer wöchentlichen Mahlzeiten. Wenn Sie sich jede Woche ein bis zwei Stunden Zeit nehmen, um Ihre Mahlzeiten zuzubereiten, können Sie sich körperlich, sozial und geistig verbessern.

Bei der Mahlzeitvorbereitung geht es nicht nur um diesen epischen Instagram-Post, der Ihren endlosen Stapel an Mahlzeiten vorführt. Auf alles vorbereitet zu sein, ist ein Erfolgsrezept. Es ist an der Zeit, dieses Rezept in die Küche zu bringen und einen Topf mit Erfolg zu kochen.

Wenn Sie noch keine Mahlzeit zubereiten, sind dies 5 Gründe, warum Sie sofort mit der Zubereitung Ihrer Mahlzeiten beginnen müssen.

Gründe für die Zubereitung von Mahlzeiten

Meal Prepping verbessert Ihr Zeitmanagement

Das einzige, was alle gemeinsam haben und sich weiterhin über jeden Tag beschweren werden, ist nicht genug Zeit. Nicht genug Zeit zum Üben. Nicht genug Zeit, um alle Aufgaben Ihres Tages zu erledigen. Nicht genug Zeit, um gesund zu essen. Wir waren alle schon dort und manchmal wird die einfachste und schnellste Option zu einer fettreichen, kalorienreichen Fast-Food-Mahlzeit, weil wir keine Zeit haben.

Wenn Sie Ihre Mahlzeiten für die Woche zubereiten und hochwertige, gesunde Lebensmitteloptionen im Griff haben, müssen Sie sich nicht aus dem Weg gehen, um Nahrung zu erhalten, was Ihnen Zeit und Kalorien erspart. Durch eine bessere Verwaltung Ihrer Mahlzeiten können Sie Ihre Zeit den ganzen Tag besser verwalten.

Mahlzeitvorbereitung hilft Ihnen, auf der Spur zu bleiben.

Wenn Sie Ihr Essen für die gesamte Woche zubereitet haben, können Sie am besten und einfachsten Ihre Ernährungsziele verfolgen. Egal, ob Sie versuchen, abzunehmen oder abzunehmen, Sie sollten einen Plan haben, wie viel Sie täglich oder wöchentlich essen sollten.

Wenn Sie Ihre Mahlzeiten zubereiten und in ihre spezifischen Portionen aufteilen lassen, bleiben Sie mit einer gesunden Ernährung wahrscheinlich auf dem richtigen Weg.

Mahlzeitvorbereitung spart Ihnen Geld

Eines der häufigsten Missverständnisse über den Kauf von

Lebensmitteln ist die Vorstellung, dass das Essen von Fast Food billiger ist als das Kaufen von Lebensmitteln aus dem Supermarkt und das Kochen selbst.

Wenn Sie immer noch denken, dass dies der Fall ist, dann ist es an der Zeit, diese Denkweise zu unterdrücken und über Ihr Essen nachzudenken. Wenn Sie Ihr Essen im Voraus zubereiten, sparen Sie Zeit und Geld. Bei der Mahlzeitvorbereitung können Sie mehr Gewicht um den Bauch herum als um Ihren Geldbeutel verlieren. Verwenden Sie eine beliebte, schnelle und gesunde Lebensmitteloption wie Chipotle, um ein Beispiel dafür zu geben, wie viel Geld Sie sparen können, wenn Sie Ihre eigene Mahlzeit zubereiten.

"Chicken Bowl" von Chipotle:

- 1 Tasse Reis
- ½ Tasse schwarze Bohnen
- Double Chicken 8 Unzen.
- ¼ Tasse geriebener Käse
- 1 Tasse gehackter Salat

Gesamtpreis: 9,56 €

Hausgemachte Hühnerschale:

- 1 Tasse Reis = 0,17 €
- ½ Tasse schwarze Bohnen = € 0.20
- 8 Unzen. Hühnchen = 1,50 €
- 1/4 Tasse geriebener Käse = 0,37 €
- 1 Tasse gehackter Salat = 0,10 €

Gesamtpreis: € 2,34

Indem Sie jeden Tag Ihre eigene Hühnerschüssel zubereiten und zubereiten, können Sie über 7,00 € pro Tag für eine

Mahlzeit einsparen. Und wer will nicht Geld sparen? Bei der Zubereitung von

Mahlzeiten können Sie sowohl Muskel- als auch Geldgewinne erzielen.

Mahlzeitvorbereitung hilft bei der Regulierung der Portionskontrolle.

Durch die Zubereitung Ihrer Mahlzeiten können Sie die Portionen Ihrer Speisen kontrollieren, sodass Sie die Kalorien-, Kohlenhydrat-, Fett- und Eiweißmenge genau bestimmen können, die Sie mit jeder Mahlzeit zu sich nehmen. Wenn Sie nicht überall beim Essen eine Taschenwaage mitnehmen, wissen Sie leider nicht wirklich den Unterschied zwischen einer Tasse Nudeln und 1 ½ Tassen Nudeln, wenn Sie sie nur anschauen.

Wenn Sie diese Teigwarenportionen als Beispiel verwenden, könnte dieser Mangel an Präzisionsmahlzeit nach der Mahlzeit dazu führen, dass Sie im Laufe des Tages hunderte Kalorien und Kohlenhydrate mehr essen, als Sie sollten.

Wenn Sie bei der Zubereitung Ihrer Mahlzeiten ein bestimmtes Gesundheitsziel und einen Ernährungsplan für sich selbst haben, können Sie damit auf dem richtigen Weg

bleiben. Manchmal geht es nicht nur darum, WAS du isst, aber WIE VIEL davon isst du.

Mahlzeitvorbereitung hilft Ihnen, das Mentalspiel zu gewinnen.

Wenn Sie bei allem, was Sie tun, der Beste sein möchten, und vor allem wenn es um Fitness und Ihre Ernährung geht, müssen Sie sich darauf konzentrieren, das mentale Spiel zu gewinnen. Wenn Sie nicht mental darauf vorbereitet sind, ins Fitnessstudio zu gehen und schweres Gewicht zu heben, haben Sie den Kampf mit sich selbst bereits verloren. Indem Sie Ihre Nahrungsaufnahme für die gesamte Woche durch ein paar Stunden Mahlzeit vorbereiten, bereiten Sie sich mental auf die Woche vor.

Wenn Sie über Ihr Essen nachdenken, was Sie essen werden, und wenn Sie essen, sind dies bereits erledigte Aufgaben. Indem Sie den mentalen Aspekt Ihres Ernährungsplans überwinden, können Sie jeden Tag Ihren mentalen Fokus auf Ihr Training lenken und jeden Tag siegreich sein, da Sie wissen, dass Sie den mentalen Kampf gewinnen.

KAPITEL 2

Wie Funktioniert Die Zubereitung Von Mahlzeiten?

Ob ihr einmal pro Woche für fünf Arbeitstage oder für ganze sieben Tage vorkochen wollt, oder jeden Abend für den nächsten Tag vorkocht, ist euch überlassen. Ihr könnt natürlich auch Gerichte einfrieren und je nach Bedarf wieder erwärmen. Einer der vielen Vorteile beim Meal Prepping ist, dass ihr ohne Hunger vorkochen könnt und euer Gehirn vielleicht noch vernünftigere Entscheidungen trifft - zumindest ist das bei mir so. Meine Mahlzeiten bereite ich mit Lebensmitteln zu, die meinem Körper gut tun und die zu meiner aktuellen Ernährungsweise passen. So kann ich mir sicher sein, dass ich für die nächsten Tage nahrhafte Mahlzeiten habe und nicht auf Kantinenessen oder die Würstelbude ausweichen muss.

Die meisten Gerichte sind je nach Kühlung zwischen zwei und fünf Tage ohne Probleme haltbar. Umso aufwendiger eure Mahlzeiten sind, desto eher können sie an Geschmack verlieren. Daher rate ich euch zu einfachen Menüs.

Was vorkochen?

Damit ihr gesund und ausgewogen esst, verwendet ihr am besten verschiedene Nahrungsmittel, so genannte Grundbausteine. Protein, Kohlenhydrate, gesunde Fette und Gemüse sollten je nach eurer Ernährungsform (Low Carb, Paleo, Intervall-Fasten) immer in eurer Lunchbox vorhanden sein.

Das könnten mögliche Bausteine für euer Meal Prepping sein:

Protein:

- Hähnchenbrust, mageres Rindfleisch, Schweinefilet, Putenbrust, Schinken, Tofu, Topfen, Cottage Cheese,

Lachs oder Forelle

Kohlenhydrate:

- Haferflocken, Quinoa, Couscous, Vollkorn-Reis, Vollkorn-Tortillas, Süßkartoffel, Kartoffeln, Vollkorn-Nudeln oder Dinkel-Nudeln

Gesunde Fette:

Mandeln, Walnüsse, Pistazien, Kürbiskerne, Olivenöl oder

Kokosöl

Gemüse:

- Brokkoli, Karfiol, Karotten, Zwiebeln, Paprika, Tomaten, Fisolen oder Erbsen

Kocht einmal pro Woche vor

Ihr könnt zwar auch jeden Tag vorkochen, stressfreier ist es aber ein bis zweimal in der Woche. Denn die paar Stunden (Geübte brauchen nicht länger als 2-2,5 Stunden), die du an dem einen Tag in der Küche verbringst, sind weniger Zeitaufwand, als wenn du jeden Tag auf's Neue frisch kochen würdest. Am besten wählst du auch einen bestimmten Tag pro Woche, an dem du vorkochst. Das verschafft dir zusätzliche Routine.

Einweg-Aufbewahrungen durch Lunchboxen ersetzen

Wer bei Meal Prep an Einweg-Plastikdosen denkt, der irrt sich. Denn Mehrweg-Kunststoffdosen sind nicht nur zu 100 % auslaufbeständig, ihr könnt sie auch immer wieder verwenden. Sehr gut eignen sich auch spezielle Gläser oder alte Gurkengläser.

Stapeln - eine Kunst

Ein wichtiger Punkt beim erfolgreichen Meal Prepping ist definitiv der Transport in die Arbeit. Es wäre schließlich gut, wenn nach der Auto-, Straßenbahn- oder Zugfahrt euer Mittagessen nicht aussieht wie ein breiiger Haufen, weil alles durcheinander geschleudert wurde. Da man das herumschwanken im Auto oder in der U-Bahn aber oft nicht verhindern kann, ist es wichtig die einzelnen Lebensmittel schlau zu stapeln.

Ein Beispiel für das ideale Stapeln eines Salates habe ich hier für euch:

Das Dressing oder die Sauce solltet ihr ganz unten in eurer

Aufbewahrungsbox platzieren. Darauf stapelt ihr Lebensmittel, die nicht unbedingt Nässe durchlässig sind, wie Reis, Kichererbsen oder Nudeln. Darauf könnt ihr anschließend den Salat oder das Gemüse geben. Schließlich will man einen Salat, der drei Tage lang ins Dressing eingelegt war, nicht mehr essen.

Einkaufen mit Köpfchen

Eines sollte beim Einkaufen klar sein: wenn ihr nur eure Lieblings-Schokolade in den Einkaufswagen legt, wird es mit

dem gesunden Meal Prepping nichts! Überlegt euch darum vorab, was ihr kochen möchtet und überlegt euch auch die verschiedenen Variationen und wie viel Lebensmittel ihr für euer Meal Prepping benötigt. Lebensmittelverschwendung wollen wir ja nun wirklich vermeiden.

Reste-Verwertung

Meal Prep heißt nicht nur Vorkochen, ihr könnt damit auch optimal die Reste vom Abendessen verwerten und einfach am nächsten Tag ins Büro mitnehmen. So müsst ihr nichts wegwerfen und habt für den nächsten Tag gleich „vorgekocht“.

KAPITEL 3

Welche Lebensmittel Eignen Sich Für Meal-Prep?

Gemüse – gesund und lecker

Kaufen Sie nach Herzenslust ein und achten Sie auf saisonales und regional angebautes Gemüse. Bereiten Sie das Gemüse vor und frieren es bei Bedarf ein.

Gemüsesorten eignen sich zum Beispiel für das Meal Prepping:

- Blumenkohl
- Möhren

- Sellerie
- Brokkoli
- Paprika
- Tomaten
- Fenchel
- Pastinaken
- Zucchini
- Gurken
- Radieschen
- Zuckerschoten
- Kohlrabi
- Lauch
- Rote Bete

Natürlich erhalten Sie die verschiedenen Gemüsearten auch schon küchenfertig, geschnitten und tiefgekühlt in Ihrem Markt:

- Asiagemüse

- Rosenkohl
- Rahmspinat
- Butter-, Königs-, Sommergemüse
- Spinat
- Kräuter
- Erbsen

Obst – bunt und vitaminreich

Ob frisch oder tiefgefroren, knackig am Stück oder zum Smoothie gemixt – Obst bringt Farbe in Ihr Meal Prepping und den idealen Frischekick für Zwischendurch. Egal ob Äpfel, Banane, Birne, Beeren, Mango oder andere Obstsorten.

Probieren Sie einen dieser leckeren Smoothies:

1. Aprikosen-Kurkuma-Smoothies
Erfrischend und sommerlich

Zutaten:

für 3 Portionen

- 400 g Aprikosen
- 1 Stck. Kurkuma (ca. 2 cm)
- 1 Stck. Ingwer (ca. 2 cm)
- 0,5 Bio-Zitrone
- 500 g Vollmilchjoghurt
- 3 El Agavendicksaft

Arbeitszeiten:

Zubereitungszeit ca. 10 Min.

Zubereitung:

1. Aprikosen waschen und entsteinen. Kurkuma, Ingwer schälen und fein hacken. Saft der halben Zitrone auspressen.
2. Joghurt mit Aprikosen, Kurkuma, Ingwer, Zitronensaft und Agavendicksaft im Mixer fein pürieren und Smoothie servieren. Tipps: Cool! Je 3–4 Eiswürfel auf Gläser verteilen,Aprikosen-Kurkuma-Smoothie einfüllen, mit Trinkhalm servieren. Konfetti! Zum Garnieren 1–2 cm Bio-Kurkumawurzel quer in feine Scheiben hobeln und auf die Smoothies streuen. Fruchtspieße! Aprikosen (in Spalten), Brombeeren und Marshmallows (kleine Stücke) auf Spießestecken

und zu den Smoothies reichen.

2. Erdbeer-Bananen-Smoothie

Erfrischend-fruchtig, kinderleicht

Zutaten:

für 2 Portionen

- 300 g Erdbeeren (geputzt)
- 1 Banane
- 0,5 Zitrone

Arbeitszeiten:

Zubereitungszeit: ca. 10 Min.

Zubereitung:

1. Erdbeeren waschen, putzen, halbieren oder evtl. vierteln. Banane schälen, in Scheiben schneiden. Saft der Zitrone auspressen.
2. Erdbeeren, Bananenscheiben mit Zitronensaft im Mixer pürieren. Erdbeer-Bananen-Smoothie auf

Gläser verteilen und sofort servieren.

3. Basic-Green-Smoothie

Der Power-Dring für Zwischendurch

Zutaten:

für 2 Portionen

- 2 Datteln (entsteint)
- 1 Banane
- 100 g Trauben
- 200 g Ananas-Fruchtfleisch (frisch)
- 0,5 Avocado
- 125 g Feldsalat
- 300 ml stilles Wasser
- 2 Tl Hanfsamen (geschält, Superfood)

Zubereitung:

1. Datteln entsteinen, kurz in kaltem Wasser einweichen, Banane schälen, Trauben waschen. Datteln, Banane, Trauben, Ananas, Avocado klein

schneiden.

2. Feldsalat waschen, mit Wasser/Kokoswasser im Mixer fein mixen. Restliche Zutaten zugeben und zu einem glatten Smoothie mixen.

3. Smoothie in Gläser füllen und nach Wunsch mit Hanfsamen bestreut servieren.

Stärke – der Sattmacher

Ganz nach Belieben und jeden Tag neu lassen sich Kartoffeln, Nudeln, Couscous und Co. in Ihrem Meal Prepping kombinieren. Langeweile ist hier ausgeschlossen! Zum Beispiel eignen sich:

- Bulgur
- Kartoffeln
- Quinoa
- Couscous
- Mais
- Reis
- Hirse
- Nudeln

1. Bratkartoffeln aus Süßkartoffeln

mit Skyr-Dip, einfach & prima zum Dippen

Zutaten:

für ca. 4 Portionen

- 1 kg Süßkartoffeln
- 1 Prise Salz
- 2 Knoblauchzehen
- 100 g Katenschinkenwürfel
- 4 El Olivenöl
- 1 Prise bunter Pfeffer (aus der Mühle)
- 3 Stängel Petersilie
- 0,5 Pck. Schnittlauch
- 0,5 Bio-Zitrone
- 500 g Skyr natur (isländisches Milchprodukt, ersatzweise Magerquark)
- 1 Prise Zucker

Arbeitszeiten:

- Zubereitungszeit ca. 30 Min.
- Gar- und Bratzeiten ca. 30 Min.

Zubereitung:

1. Süßkartoffeln in Salzwasser ca. 15 Min. garen. Dann abgießen, kalt abbrausen, pellen und in ca. 3 cm große Stücke schneiden. Knoblauch abziehen, fein würfeln und mit dem Schinken in 1 El Öl glasig dünsten. Beides aus der Pfanne nehmen, Süßkartoffeln rundum im übrigen Öl (3 El) ca. 15 Min. braten, mit Salz, Pfeffer würzen.
2. Petersilie, Schnittlauch waschen, trocken schütteln. Petersilie grob hacken, Schnittlauch in feine Röllchen schneiden. Zitronenschale abreiben, Saft auspressen, beides mit dem Schnittlauch zum Skyr geben, mit Salz, Pfeffer, Prise Zucker würzen und glatt rühren. Bratkartoffeln anrichten, Schinken-Knoblauch-Mischung, Petersilie daraufverteilen und mit Skyr-Dip servieren.

Eiweiß – ideale Proteinquellen

Ob als Geschnetzeltes, Filet oder fein mariniert und im Ganzen gebraten lässt sich Fleisch, Geflügel, Fisch oder Tofu ganz nach Ihren Vorlieben in den Gerichten verpacken. Setzen Sie dabei auf regionale und qualitativ hochwertige

Produkte.

1. Hähnchen-Saté-Spieße mit Erdnusssauce

wunderbar zart, geeignet für alle Grillgeräte

Zutaten:

für ca. 4 Portionen

- 600 g Hähnchenbrustfilet
- 1 Dose Kokosmilch
- 2,5 El Currypaste (rot, mild)
- 1 Prise Salz
- 1 Prise Pfeffer (aus der Mühle)
- 1 Prise Zucker
- 150 g Erdnussbutter

- 1 Limette
- 2 Frühlingszwiebeln
- 1 Tl Chiliflocken

Außerdem: 8 Grillspieße

Arbeitszeiten:

- Zubereitungszeit ca. 25 Min.
- Marinierzeit ca. 60 Min.
- Garzeiten ca. 5 Min.

Zubereitung:

1. Fleisch in lange, dünne Streifen schneiden und wellenförmig auf die Grillspieße stecken. 50 g Kokosmilch mit 1/2 El Currypaste, Salz, Pfeffer, einer Prise Zucker verrühren, die Hähnchenspieße damit bestreichen und abgedeckt im Kühlschrank ca. 60 Min. marinieren.
2. Restliche Kokosmilch (350 g) mit übriger Currypaste (2 El) und Erdnussbutter bei geringer Hitze (Achtung: nicht kochen lassen!) cremig rühren und mit Salz,

3. Pfeffer, Prise Zucker sowie dem Saft der Limette abschmecken. Frühlingszwiebeln waschen, putzen, schräg in feine Ringe schneiden. Sauce in eine Schale füllen und mit Chiliflocken sowie Zwiebelringen

garnieren.

4. Saté-Spieße auf dem Grill bei direkter mittlerer Hitze rundum ca. 5 Min. grillen und mit der Erdnusssauce servieren.

2. Granatapfel-Couscous mit Bataten und Nusstofu

Orientalisch, toll auch für Gäste

Zutaten:

für 4-6 Portionen

- 250 g Couscous
- 1 Prise Salz
- 3 Tomaten
- 0,5 Bund Petersilie (gehackt)
- 0,5 Bund Minze
- 1 Bio-Zitrone

- 1 Granatapfel
- 3 El Honig

- 8 El Olivenöl
- 1 Tl Chiliflocken
- 2 Knoblauchzehen
- 600 Süßkartoffeln
- 400 g Bio-Mandel-Nusstofu
- 1 Tl Garam-Masala-Gewürzmischung

Arbeitszeiten:

- Zubereitungszeit ca. 40 Min.
- Quellzeit ca.10 Min.
- Garzeit ca. 8 Min.

Zubereitung:

1. Couscous, 1 Tl Salz mit 500 ml kochendem Wasser übergießen, zugedeckt ca. 10 Min. quellen lassen. Tomaten waschen, putzen, klein würfeln. Kräuter waschen, trocken schütteln, einige Stängel beiseitelegen, übrige klein schneiden.

2. Schale der Bio-Zitrone fein abreiben, Saft auspressen. Granatapfel halbieren, Kerne einer Hälfte

herauslösen, beiseitestellen. Saft der anderen Hälfte auspressen, mit Zitronensaft, -schale, Honig, 4 El Olivenöl, Salz, Chiliflockenverrühren, Couscous mit Tomaten, Kräutern und Hälfte des Dressings locker vermengen.

3. Knoblauch abziehen, fein hacken. Süßkartoffeln schälen, halbieren und in Spalten schneiden (ca. 1,5 cm dick), in 2 El Olivenöl anbraten, Knoblauch zugeben, mit Deckel bei kleiner Hitze 6-8 Min. garen, mit etwas Salz würzen.
4. Tofu in Würfel schneiden, in restlichem Olivenöl (2 El) goldgelb braten, mit Süßkartoffeln und beiseitegestellten Granatapfelkernen auf dem Couscous anrichten, restliches Dressing darüberträufeln, Couscous mit Garam Masala bestreuen und mit übrigen Kräutern garnieren.

3. Papaya-Steaksalat mit Honig-Limetten-Dressing

Würzig-scharf, leicht

Zutaten:

für 2 Portionen

- 2 Rumpsteaks

- 1 Papaya
- 150 g Cocktailtomaten
- 1 Zwiebel (rot)
- 2 Limetten
- 2 El Akazienhonig
- 1 Tl körniger Senf
- 5 Tl Olivenöl
- 5 Stängel Koriander
- 1 Tl gruener Pfeffer
- 1 Prise Salz
- 1 Prise Pfeffer (aus der Mühle)

- 1 Spritzer Tabasco
- 125 g Bio-Mix-Salat

Arbeitszeiten:

- Zubereitungszeit ca. 30 Min.
- Bratzeit 6-8 Min.

- Ruhezeit ca. 4 Min.

Zubereitung:

1. Rumpsteaks ca. 1 Std. vor der Zubereitung aus der Kühlung nehmen. Papaya halbieren, Kerne entfernen, Frucht in mundgerechte Stücke schneiden. Cocktailtomaten waschen, halbieren. Zwiebel abziehen und in dünne Ringe schneiden.
2. Saft der Limetten auspressen, mit Honig, Senf, 3 El Olivenöl verrühren. Koriander waschen, trocken schütteln, 2 Stängel zum Garnieren beiseitelegen, übrige Blätter abzupfen und mit dem grob zerdrückten grünen Pfeffer unter das Dressingrühren, mit Salz, Pfeffer, Tabasco würzen.
3. Rumpsteaks in restlichem Olivenöl (2 El) auf jeder

   Seite 3-4 Min. braten, mit Salz, Pfeffer würzen, aus der Pfanne nehmen und abgedeckt ca. 4 Min. ruhen lassen.
4. Mix-Salat waschen, trocken schleudern und auf einer Platte verteilen. Steaks in ca. 1 cm dicke Scheiben schneiden, mit Papayastücken, Cocktailtomaten und Zwiebelringen auf dem Salat anrichten, mit Honig-

Limetten-Dressing beträufeln und restlichem Koriander bestreuen.

Salat – knackig-bunt

Es muss nicht immer warm sein – knackig-bunte Salate eignen sich ebenso gut als Beilage wie auch als Hauptmahlzeit. Hübsch in ein Weckglas geschichtet, machen sie optisch was her. Bereiten Sie sich Obst, Gemüse und Blattsalat vor und mischen Sie diese am Morgen nach Lust und Laune zu einem frischen Salat zusammen.

Das Dressing separat in ein Schraubglas füllen, dann können Sie den Salat zur Pause anmachen und bleibt dadurch länger frisch.

1. Salat im Glas mit Sommergemüse

Leicht vorzubereiten, ideal für Unterwegs

Zutaten:

für 4 Portionen

- 100 g Quinoa
- 1 Prise Salz
- 200 g Fetakäse
- 200 g Möhren
- 1 Stange Sellerie
- 100 g Cherrytomaten
- 1 Paprikaschote (gelb)
- 50 g Salat-Mix oder Baby-Spinat
- 150 g Joghurt
- 2 El Olivenöl
- 1 Tl Curry
- 1 Tl Akazienhonig

- 1 El Zitronensaft
- 1 Prise Pfeffer (aus der Mühle)
- Außerdem: 4 Einmachgläser à ca. 300 ml

Arbeitszeiten:

- Zubereitungszeit ca. 20 Min.
- Quellzeit 15–20 Min.

Zubereitung:

1. Quinoa im Sieb kalt abspülen, in ca. 150 ml Salzwasser aufkochen, dann bei kleiner Hitze 15–20 Min. ausquellen lassen.
2. Feta klein würfeln. Gemüse waschen und putzen, bzw. schälen. Möhren fein raspeln, Sellerie längs halbieren, in feine Scheiben schneiden. Tomaten vierteln, Paprika fein würfeln. Salat waschen und trocken schleudern.
3. Joghurt mit Olivenöl, Curry, Akazienhonig, Zitronensaft, Salz, Pfeffer verrühren und auf die Einmachgläser gleichmäßig verteilen. Nacheinander Quinoa, Paprika, Feta, Möhren, Sellerie, Tomaten und

Salat einschichten. Gläser verschließen und bis zum

Picknick gekühlt (z. B. in einer Kühltasche) aufbewahren.

2. Salat to go mit Eiern und Avocado-Dressing

Ideal für die Mittagspause, knackig-frisch

Zutaten:

für ca. 2 Portionen

- 40 g Hirse
- 1 Prise Salz
- 3 Eier (M)
- 2 Mini-Salatherzen
- 10 Radieschen
- 1 Avocado
- 2 El Zitronensaft
- 100 ml Orangensaft

- 1 Prise bunter Pfeffer (aus der Mühle)
- 30 g Parmesan

- 2 El Kürbiskerne
- Außerdem: 2 Bügel- oder Twist-Off-Gläser (à ca. 400 ml)

Arbeitszeiten:

- Zubereitungszeit ca. 30 Min.
- Garzeit ca. 10 Min.

Zubereitung:

1. Hirse nach Packungsanleitung in Salzwasser garen. Eier ca. 10 Min. hart kochen, abschrecken, pellen. Salatherzen waschen, trocken schleudern und grob hacken. Radieschen waschen, putzen, fein würfeln.
2. Für das Dressing Avocado halbieren, Kern entfernen, Fruchtfleisch aus den Schalen lösen, grob zerkleinern und mit Zitronen-, Orangensaft, Salz, Pfeffer fein pürieren. Parmesan fein reiben.

3. Eier fein würfeln. Hirse mit einer Gabel auflockern, in die Gläser füllen, dann Salat, Radieschen, Eier, Kürbiskerne und geriebenen Parmesan einschichten. Zum Schluss das Dressing daraufverteilen, Gläser

verschließen und bis zum Verzehr kühl stellen.

3. Avocado-Eiersalat mit fruchtiger Currycreme

Prima zum Mitnehmen, köstlich würzig

Zutaten:

für ca. 4 Portionen

- 6 Eier (M)
- 200 g Erbsen (tiefgekühlt)
- 1 Prise Salz
- 100 g Joghurt
- 100 g Salatcreme
- 1 El Curry
- 1 Tl Kurkuma

- 1 Prise Pfeffer (aus der Mühle)
- 2 Avocados
- 0,5 Zitrone
- 1 Orange
- 0,5 Pck. Schnittlauch

Arbeitszeiten:

- Zubereitungszeit ca. 20 Min.
- Garzeiten ca. 12 Min.

Zubereitung:

1. Eier ca. 10 Min. hart kochen, dann abgießen und mit kaltem Wasser abschrecken. Erbsen in kochendem Salzwasser ca. 2 Min. blanchieren, abgießen, kalt abspülen und abtropfen lassen.
2. Joghurt mit Salatcreme, Curry und Kurkuma

verrühren, mit Salz und Pfeffer abschmecken.

3. Avocados halbieren, Kern entfernen, Früchte mit einem Esslöffel aus den Schalenhälften heben. Avocados in Stücke schneiden und mit dem ausgepressten Saft der Zitronenhälfte beträufeln. Orange schälen und ebenfalls in Stücke schneiden. Schnittlauch waschen, trocken schütteln, in kleine

   Röllchen schneiden.

4. Eier pellen, längs achteln, mit Erbsen, Schnittlauch, Avocado- und Orangenstücke sowie Currycreme in Weckgläser schichten, verschließen und bis zum Mitnehmen in den Kühlschrank stellen.

5. Die Feiertage sind vorbei und es stapeln sich noch sooo viele bunte Ostereier im Kühlschrank? Perfekt! Denn in einem Eiersalat können Sie davon eine ganze Menge unterbringen. Eignet sich auch bestens für ein köstliches Partybuffet.

4. Veggi-Nudelsalat

Perfekt für die Mittagspause

Zutaten:

für ca. 2 Portionen

- 150 g kurze Nudeln (z. B. Hörnchen, Maccheroni)
- 0,5 Glas Jalapenos
- 1 Dose Mais (212 ml)
- 1 Paprikaschote (rot)
- 1 Schalotte
- 3 El Öl
- 2 El Essig
- 1 Prise Salz
- 1 Prise Pfeffer
- 1 Prise Zucker
- 2 Stängel Koriander
- 50 g Cremé fraîche
- 1 Tl Chiliflocken

Arbeitszeiten:

- So viel Zeit muss sein: ca. 25 Min.

Zubereitung:

1. Nudeln nach Packungsanleitung kochen, abgießen und kalt abbrausen. Jalapenos, Mais abtropfen lassen. Paprika waschen, putzen, Schalotte abziehen, beides fein würfeln.

2. Aus Öl, Essig, Salz, Pfeffer und Prise Zucker ein Dressing rühren und alles damit vermengen.

3. Koriander waschen, trocken schütteln, grob hacken. Nudelsalat mit Koriander, Crème fraîche, Chiliflocken aufhübschen und schon fertig.

Konserven – die Vorratsküche

Ganz einfach und abwechslungsreich lassen sich Ihre Rezepte beispielsweise durch Tomatensauce, Gemüse in Dosen oder leckeres Pesto ergänzen. Diese Lebensmittel sind verschlossen lange haltbar und sollten in keinem Vorratsschrank fehlen.

Verwenden Sie zum Beispiel:

- Antipasti
- Grüne Bohnen
- Wurzelgemüse

- Dosentomaten
- Hülsenfrüchte
- Tomatenmark
- Obstkonserve und Apfelmus

Snacks – Gutes für Zwischendurch oder perfekt als Topping

Für den kleinen Hunger sind eine Handvoll Nüsse oder Trockenfrüchte die idealen Snacks. Zudem eignen sie sich auch super als Toppings für Salate, Porridges oder Suppen.

Als Snack eignen sich ebenfalls Gemüsesticks aus Möhren, Paprika, Kohlrabi oder Gurken, kombiniert mit Hummus, einem Aufstrich oder mit einem frischen Kräuter-Joghurt-Dip. Beides lässt sich gut am Vorabend vorbereiten und ist leicht zu transportieren.

1. Hummus auf Fitnessbrot

Zutaten:

für ca. 4 Portionen

- 250 g Kichererbsen (Dose/Glas)
- 2 Knoblauchzehen
- 1 Bio-Zitrone

- 60 g Mandelmus
- 5 El Olivenöl
- 1 Prise Salz
- 1 Prise Pfeffer (aus der Mühle)
- 1 Msp. Kreuzkümmel
- 4 Scheiben Fitnessbrot
- 50 g Rucola
- 1 Prise Paprikapulver (edelsüß)

Arbeitszeiten:

- Zubereitungszeit ca. 15 Min.

Zubereitung:

1. Kichererbsen in ein Sieb geben, mit kaltem Wasser abspülen, abtropfen lassen. Knoblauch abziehen, fein würfeln. Hälfte der Zitronenschale fein abreiben, Saft auspressen.

2. Kichererbsen mit Knoblauch, Zitronensaft, Mandelmus und 4 El Olivenöl fein pürieren, mit Salz, Pfeffer, Kreuzkümmel würzig abschmecken.

3. Hummus auf dem Fitnessbrot verteilen, Brotscheiben halbieren, dann in Dreiecke schneiden. Rucola waschen, trocken schütteln, grob hacken. Brotscheiben mit Rucola, etwas Paprikapulver und der Zitronenschale garnieren und mit etwas Olivenöl (1 El) beträufelt servieren.

2. Kräuter-Joghurt-Dip

Dieser cremig-leichte Joghurt-Dip mit frischen Kräutern passt super zu Gemüsesticks, Kartoffeln und vielem mehr.

Zutaten:

- 2 Stängel Basilikum
- 0,5 Pck. Schnittlauch
- 4 Stängel Petersilie
- 150 g Joghurt
- 100 g Schmand
- 1 Prise Salz
- 1 Prise Pfeffer (aus der Mühle)
- 1 Spritzer Zitronensaft

Arbeitszeiten:

- Zubereitungszeit ca. 10 Min.

Zubereitung:

1. Basilikum, Schnittlauch, Petersilie waschen, trocken schütteln, klein hacken. Kräuter mit Joghurt, Schmand verrühren und mit Salz, Pfeffer sowie etwas Zitronensaft abschmecken. Tipp: Prima zum Dippen von Gemüsesticks z.B. Gurke, Möhren, Sellerie, Paprika!

3. Spundekäs' mit Gemüsesticks

klassisch, ganz einfach

Zutaten:

für 4-6 Portionen

- 250 g Magerquark
- 250 g Schmand
- 150 g Joghurt
- 2 Schalotten
- 1 Prise Salz

- 1 Prise Pfeffer (aus der Mühle)
- 2 Tl Paprikapulver (edelsüß)
- 4 Möhren
- 0,5 Salatgurke
- 150 g Cocktailtomaten
- Laugengebäck (Stangen, Brezeln, Zöpfe...)

Arbeitszeiten:

- Zubereitungszeit ca. 15 Min.

Zubereitung:

1. Magerquark mit Schmand, Joghurt glatt verrühren. Schalotten abziehen, sehr fein würfeln, unter die Quarkcreme geben, mit Salz, Pfeffer, Paprikapulver würzig abschmecken.

2. Möhren, Salatgurke schälen, beides längs in feine Streifen schneiden. Cocktailtomaten waschen, abtropfen lassen. Spundekäs‘ in ein Schraubglas füllen, Gemüse in Dosen verpacken, bis zum Mitnehmen kühl stellen, mit Laugengebäck genießen.

Fazit

Einen Weg in Richtung Ihrer Ziele vorzubereiten, ist ein grundlegender Schritt zur Erreichung dieser Ziele. Wenn Sie ein Fitness-Ziel für sich selbst haben, ob Sie abnehmen oder abnehmen möchten, müssen Sie darauf vorbereitet sein. Bereiten Sie Ihre Mahlzeiten zu und bereiten Sie sich auf den Weg zum Erfolg vor.

Impressum
Lucas Tinnemann 2018
1.Auflage

Kontakt Lucas Tinnemann/ Dinklasgerstrasse 36a/ Lohne 49393

Quellen:

https://www.deutschlandfunkkultur.de/buddhismus-durch-meditation-zum-mitgefuehl.1278.de.html?dram:article_id=376439

https://www.key-meditation.com/faq/welche-meditationsarten-gibt-es/

https://www.artofliving.org/de-de/meditation/meditation-verleiht-energie

https://www.chakren.net/chakra-meditation/

https://www.magierin-damona.eu/Weisse_Magie_Schriftstuecke/meditation.html

https://ich-will-meditieren.de/meditationstechniken/klangschalenmeditation/

https://www.youtube.com/watch?v=vKukL9W-Auo

Haftungsausschluss nach §34bWpHG: Die Umsetzung aller enthaltenen Informationen, Anleitungen und Strategien dieses Buches erfolgt auf eigenes Risiko. Für etwaige Schäden jeglicher Art kann die Autorin aus keinem Rechtsgrund eine Haftung übernehmen. Für Schäden materieller oder ideeller Art, die durch die Nutzung oder Nichtnutzung der Informationen bzw. durch die Nutzung fehlerhafter und/oder unvollständiger Informationen verursacht wurden, sind Haftungsansprüche gegen die Autorin grundsätzlich ausgeschlossen. Ausgeschlossen sind daher auch jegliche Rechts-und Schadensersatzansprüche. Dieses Werk wurde mit größter Sorgfalt nach bestem Wissen und Gewissen erarbeitet und niedergeschrieben. Für die Aktualität, Vollständigkeit und Qualität der Informationen übernimmt die Autorin jedoch keinerlei Gewähr. Auch können Druckfehler und Falschinformationen nicht vollständig ausgeschlossen werden. Für fehlerhafte Angaben von dem Auto kann keine juristische Verantwortung sowie Haftung in irgendeiner Form übernommen werden.

16588793R00030

Printed in Great Britain
by Amazon